민쩌미 공부 시간표

	월	화	수	목	금
1					
2					
3					
4					
5					
6					
7					

MIN.MI

속담 1

가는 말이 고와야 오는 말이 곱다

내가 남에게 말이나 행동을 좋게 해야 남도 나에게 똑같이 좋게 대해 준다는 뜻이에요. 다른 사람에게 예의를 차리지 않고 배려하지 않으면서 친절을 기대하면 안 되겠지요.

한 글자씩 또박또박 따라 써 보세요.

가는 말이 고와야 오는 말이 곱다

가는 말이 고와야 오는 말이 곱다

속담 2

고래 싸움에 새우 등 터진다

고래만큼 강한 사람들이 서로 싸우는 바람에 아무 상관도 없는 약한 사람이 중간에 끼어 피해를 입게 됨을 비유적으로 이르는 말이에요.

한 글자씩 또박또박 따라 써 보세요.

고래 싸움에 새우 등 터진다

고래 싸움에 새우 등 터진다

고양이한테 생선을 맡기다

고양이한테 생선을 맡기면 고양이가 생선을 먹을 것이 뻔하다는 뜻이에요. 중요한 일이나 물건을 믿지 못할 사람에게 맡겨 두면 마음이 놓이지 않아 걱정되겠지요.

한 글자씩 또박또박 따라 써 보세요.

고양이한테 생선을 맡기다

고양이한테 생선을 맡기다

속담 4

그림의 떡

아무리 마음에 들어도 이용할 수 없거나 차지할 수 없는 경우를 이르는 말이에요. 그림으로 그려진 떡을 먹을 수는 없겠지요.

> 한 글자씩 또박또박 따라 써 보세요.

그림의 떡

그림의 떡

속담 5

꼬리가 길면 밟힌다

나쁜 일을 아무리 남모르게 한다고 해도 오랫동안 여러 번 계속하면 결국에는 들키고 만다는 뜻이에요. 꼬리가 긴 동물을 상상해 보세요. 꼬리가 길면 밟히거나 눈에 띄기 쉽겠지요.

한 글자씩 또박또박 따라 써 보세요.

꼬리가 길면 밟힌다

꼬리가 길면 밟힌다

속담 6
도둑이 제 발 저리다

잘못한 일이 있거나 죄를 지으면 자연히 마음이 조마조마해진다는 뜻이에요. 자신의 잘못을 들킬까 봐 두려워하다 보면, 결국은 자기도 모르는 새에 그것을 드러내게 되지요.

한 글자씩 또박또박 따라 써 보세요.

도둑이 제 발 저리다

도둑이 제 발 저리다

동에 번쩍 서에 번쩍

종적을 걷잡을 수 없을 만큼 왔다 갔다 함을 이르는 말이에요. 하루에도 몇 번씩 이곳저곳에 나타나는 사람이나 바빠 보이는 사람을 비유할 때 사용해요.

한 글자씩 또박또박 따라 써 보세요.

동에 번쩍 서에 번쩍

동에 번쩍 서에 번쩍

등잔 밑이 어둡다

가까이 있는 것을 알아보지 못한다는 뜻이에요. 바늘을 떨어뜨려서 촛불을 켜고 방 안을 살살이 뒤졌지만 오히려 등잔 밑에서 잃어 버린 바늘을 찾게 되는 상황을 떠올려 보세요.

한 글자씩 또박또박 따라 써 보세요.

등잔 밑이 어둡다

등잔 밑이 어둡다

속담 9

믿는 도끼에 발등 찍힌다

잘될 거라 믿었던 일이 어긋나거나 믿었던 사람이 배신해서 해를 입는다는 뜻이에요. 늘 사용하던 익숙한 도끼라도 잘못 방심하면 발등을 찍힐 수 있어요.

> 한 글자씩 또박또박 따라 써 보세요.

믿는 도끼에 발등 찍힌다

믿는 도끼에 발등 찍힌다

밑 빠진 독에 물 붓기

아무리 애를 써도 보람 없이 헛된 일이 된다는 뜻이에요. 밑이 뚫린 항아리에 물을 계속 부어 봤자 뚫린 틈으로 물이 흘러서 가득 채우기 힘들겠지요.

한 글자씩 또박또박 따라 써 보세요.

밑 빠진 독에 물 붓기

밑 빠진 독에 물 붓기

바늘 가는 데 실 간다

바늘이 가는 데 실이 항상 뒤따른다는 뜻이에요. 바늘과 실처럼 항상 함께하는 매우 가까운 사이를 나타내는 말이지요.

> 한 글자씩 또박또박 따라 써 보세요.

바늘 가는 데 실 간다

바늘 가는 데 실 간다

병 주고 약 준다

남에게 해를 입혀 놓고 약을 주며 도와준다는 뜻이에요. 이미 상처를 입힌 후에 뒤늦게 약을 발라 준다고 해도 상처가 사라지지는 않겠지요.

한 글자씩 또박또박 따라 써 보세요.

병 주고 약 준다

병 주고 약 준다

속담 13

소 잃고 외양간 고친다

일이 이미 잘못된 뒤에는 수습하려고 해도 소용없다는 뜻이에요. 일이 벌어지고 난 뒤에 후회한다고 해도 상황은 달라지지 않아요. 그러니 미리 준비를 잘 해 두어야겠지요.

한 글자씩 또박또박 따라 써 보세요.

소 잃고 외양간 고친다

소 잃고 외양간 고친다

속담 14

열 번 찍어 아니 넘어가는 나무 없다

아무리 뜻이 굳은 사람이라도 여러 번 권하거나 꾀고 달래면 결국은 마음이 변한다는 뜻이에요. 아무리 크고 굳센 나무라도 도끼로 여러 번 찍으면 쓰러져 언젠가는 넘어가겠지요.

한 글자씩 또박또박 따라 써 보세요.

열 번 찍어 아니 넘어가는 나무 없다

열 번 찍어 아니 넘어가는 나무 없다

속담 15
열 손가락 깨물어 안 아픈 손가락이 없다

열 손가락을 깨물어 보면 덜 아픈 손가락 없이 모두 아플 거예요. 이처럼 모두 다 똑같이 귀하고 소중하다는 뜻이에요.

한 글자씩 또박또박 따라 써 보세요.

열 손가락 깨물어 안 아픈 손가락이 없다

열 손가락 깨물어 안 아픈 손가락이 없다

지렁이도 밟으면 꿈틀한다

아무리 순하고 좋은 사람이라도 너무 무시하고 업신여기면 가만히 있지만은 않는다는 뜻이에요. 화를 내지 않을 것 같던 친구도 심한 장난을 하면 화를 낼 테니 함부로 대해서는 안 돼요.

한 글자씩 또박또박 따라 써 보세요.

지렁이도 밟으면 꿈틀한다

지렁이도 밟으면 꿈틀한다

속담 17

호랑이도 제 말 하면 온다

깊은 산에 있는 호랑이조차도 저에 대하여 이야기하면 찾아온다는 뜻이에요. 어떤 경우라도 그 자리에 없는 사람을 흉보아서는 안 되겠지요.

한 글자씩 또박또박 따라 써 보세요.

호랑이도 제 말 하면 온다

호랑이도 제 말 하면 온다

가는 날이 장날

어떤 일을 하려고 하는데 뜻하지 않은 일을 당해 허탕을 쳤다는 뜻이에요. 어떤 사람이 친구를 만나러 큰맘 먹고 찾아갔는데, 마침 그날 마을에 장이 서는 바람에 친구가 장에 가고 집에 없어서 만나지 못하고 돌아왔다는 데서 생긴 말이에요.

한 글자씩 또박또박 따라 써 보세요.

가는 날이 장날

가는 날이 장날

속담 19

고생 끝에 낙이 온다

어렵거나 고된 일을 겪은 뒤에는 반드시 즐겁고 좋은 일이 생긴다는 뜻이에요. 힘겨운 상황 속에서 최선을 다하는 사람을 위로할 때 사용할 수 있는 속담이지요.

> 한 글자씩 또박또박 따라 써 보세요.

고생 끝에 낙이 온다

고생 끝에 낙이 온다

속담 20

금강산도 식후경

금강산의 멋진 풍경도 밥을 먹은 후에 봐야 제대로 즐길 수 있다는 뜻이에요. 아무리 재미있는 일이라도 배가 불러야 흥이 나지 배가 고파서는 아무 일도 할 수 없겠지요.

한 글자씩 또박또박 따라 써 보세요.

금강산도 식후경

금강산도 식후경

돌다리도 두들겨 보고 건너라

잘 아는 일이라도 세심하게 주의를 기울이라는 뜻이에요. 아무리 튼튼해 보이는 돌다리라도 무너질 확률이 있으니 건너가도 되는지 두드려 보고 확인해야 안전하겠지요.

한 글자씩 또박또박 따라 써 보세요.

돌다리도 두들겨 보고 건너라

돌다리도 두들겨 보고 건너라

뛰는 놈 위에 나는 놈 있다

아무리 재주가 뛰어나다 하더라도 그보다 더 뛰어난 사람이 있다는 뜻이에요. 어떤 한 분야에서 뛰어난 사람이라도 세상에는 그보다 훨씬 더 뛰어난 사람이 있을 수 있으니 결코 자만해서는 안 되겠지요.

한 글자씩 또박또박 따라 써 보세요.

뛰는 놈 위에 나는 놈 있다

뛰는 놈 위에 나는 놈 있다

속담 23

마른하늘에 날벼락

뜻하지 않은 상황에서 뜻밖에 일어난 재앙과 고난을 이르는 말이에요. 맑고 화창한 날이라 우산을 준비하지도 않았는데 느닷없이 비가 내리고 벼락이 치면 아주 당황스럽겠지요.

한 글자씩 또박또박 따라 써 보세요.

마른하늘에 날벼락

마른하늘에 날벼락

속담 24

말이 씨가 된다

늘 말하던 것이 마침내 사실대로 되었을 때를 이르는 말이에요. 말이 씨앗이 되어 말하는 대로 될지 모르니, "망했어.", "안 될 거야." 같은 말보다는 "잘될 거야.", "행복해."처럼 좋은 말을 많이 해야겠지요.

한 글자씩 또박또박 따라 써 보세요.

말이 씨가 된다

말이 씨가 된다

모르면 약이요 아는 게 병

아무것도 모르면 차라리 마음이 편하지만 조금 알고 있는 것은 걱정거리가 많아져 도리어 해롭다는 뜻이에요. 몰랐다면 좋았을 일을 괜히 알아서 괴롭게 되었을 때 쓰는 말이에요.

한 글자씩 또박또박 따라 써 보세요.

모르면 약이요 아는 게 병

모르면 약이요 아는 게 병

속담 26

무소식이 희소식

아무런 소식이 없는 것은 무사히 잘 지내고 있다는 말이니, 이는 곧 기쁜 소식이나 다름없다는 뜻이겠지요.

한 글자씩 또박또박 따라 써 보세요.

무소식이 희소식

무소식이 희소식

속담 27

불난 집에 부채질한다

남의 재앙을 점점 더 커지도록 만들거나 화난 사람을 더욱 화나게 한다는 뜻이에요. 불난 집에 부채질을 하면 불길이 더욱 거세지겠지요.

한 글자씩 또박또박 따라 써 보세요.

불난 집에 부채질한다

불난 집에 부채질한다

속담 28

소 뒷걸음질 치다 쥐 잡기

소가 뒷걸음질 치다가 우연히 쥐를 잡게 되었다는 뜻이에요. 어떤 일을 하다가 뜻하지 않게 좋은 결과를 얻게 된 경우를 비유하는 말이지요.

한 글자씩 또박또박 따라 써 보세요.

소 뒷걸음질 치다 쥐 잡기

소 뒷걸음질 치다 쥐 잡기

원숭이도 나무에서 떨어진다

아무리 익숙하고 잘하는 사람이라도 간혹 실수할 때가 있다는 뜻이에요. 원숭이는 나무를 잘 타는 동물로 알려져 있지만 가끔 나무에서 미끄러져 떨어질 때도 있어요.

한 글자씩 또박또박 따라 써 보세요.

원숭이도 나무에서 떨어진다

원숭이도 나무에서 떨어진다

윗물이 맑아야 아랫물이 맑다

물은 높은 곳에서 낮은 곳으로 흐르기 때문에 윗물이 맑으면 아랫물도 맑고, 윗물이 흐리고 탁하면 아랫물도 깨끗하지 않아요. 이처럼 윗사람이 먼저 바르게 행동하면 아랫사람도 본받아 바르게 행동한다는 뜻이에요.

한 글자씩 또박또박 따라 써 보세요.

윗물이 맑아야 아랫물이 맑다

윗물이 맑아야 아랫물이 맑다

속담 31

입에 쓴 약이 병에는 좋다

자기에 대한 충고나 비판이 당장은 듣기 불편할지 몰라도 그것을 달게 받아들이면 이롭다는 뜻이에요. 약은 써서 먹을 땐 힘들지만 먹고 나면 몸이 건강해지지요.

한 글자씩 또박또박 따라 써 보세요.

입에 쓴 약이 병에는 좋다

입에 쓴 약이 병에는 좋다

참새가 방앗간을 그저 지나랴

곡식을 좋아하는 참새가 먹이가 가득한 방앗간을 지나치지 못하는 것처럼, 자기가 좋아하는 곳은 그대로 지나치지 못한다는 뜻이에요.

한 글자씩 또박또박 따라 써 보세요.

참새가 방앗간을 그저 지나랴

참새가 방앗간을 그저 지나랴

속담 33

천 리 길도 한 걸음부터

무슨 일이든지 그 일의 시작이 중요하다는 뜻이에요. 천 리 길을 간다고 하더라도 한 걸음을 내디뎌야 시작할 수 있겠지요.

한 글자씩 또박또박 따라 써 보세요.

천 리 길도 한 걸음부터

천 리 길도 한 걸음부터

속담 34

티끌 모아 태산

아무리 작은 것이라도 모이고 모이면 나중에 큰 덩어리가 된다는 뜻이에요. 작은 먼지처럼 몹시 작거나 적은 것을 모아 쌓아 가다 보면 태산처럼 크고 많은 무언가가 될 수 있어요.

한 글자씩 또박또박 따라 써 보세요.

티끌 모아 태산

티끌 모아 태산

속담 35

가랑비에 옷 젖는 줄 모른다

가랑비는 옷이 젖고 있는 것조차 못 느낄 정도로 아주 가늘게 내려요. 하지만 옷이 젖는 줄도 모르고 계속 맞고 있다 보면 한참 후에는 옷이 흠뻑 젖겠지요. 아무리 사소한 것이라도 계속 반복되면 무시하지 못할 정도로 큰 피해를 입을 수 있어요.

한 글자씩 또박또박 따라 써 보세요.

가랑비에 옷 젖는 줄 모른다

가랑비에 옷 젖는 줄 모른다

개구리 올챙이 적 생각 못 한다

형편이나 사정이 전보다 조금 나아졌다고 해서 예전에 어려웠던 때를 생각하지 못하고 잘난 체하는 사람들을 비유할 때 쓰는 말이에요. 개구리도 올챙이였던 시절이 있듯이 과거가 없으면 현재도 없다는 사실을 기억해야 해요.

한 글자씩 또박또박 따라 써 보세요.

개구리 올챙이 적 생각 못 한다

개구리 올챙이 적 생각 못 한다

굼벵이도 구르는 재주가 있다

아무리 능력이 부족해 보이는 사람도 한 가지 재주는 가지고 있다는 뜻이에요. 사람마다 잘할 수 있는 게 다를 뿐이니, 함부로 얕보면 안 되겠지요.

한 글자씩 또박또박 따라 써 보세요.

굼벵이도 구르는 재주가 있다

굼벵이도 구르는 재주가 있다

속담 38

낮말은 새가 듣고 밤말은 쥐가 듣는다

아무리 비밀로 한 말이라도 반드시 남의 귀에 들어가게 된다는 뜻이에요. 주위에 아무도 없다고 말을 함부로 하다가는 다른 사람이 알게 되어 큰코다칠 수 있으니 말조심해야겠지요.

한 글자씩 또박또박 따라 써 보세요.

낮말은 새가 듣고 밤말은 쥐가 듣는다

낮말은 새가 듣고 밤말은 쥐가 듣는다

속담 39

발 없는 말이 천 리 간다

입으로 한번 내뱉은 말은 발이 없지만, 달리는 말보다 더 빨리 퍼질 수 있다는 뜻이에요. 아주 멀리까지 순식간에 퍼지기 때문에 항상 말조심해야 해요.

한 글자씩 또박또박 따라 써 보세요.

발 없는 말이 천 리 간다

발 없는 말이 천 리 간다

속담 40

비 온 뒤에 땅이 굳어진다

비에 젖어 질척거리던 흙이 마르면서 단단하게 굳어지듯, 사람도 어떤 시련을 겪은 뒤에는 몸과 마음이 굳세어져 더 강해진다는 뜻이에요.

한 글자씩 또박또박 따라 써 보세요.

비 온 뒤에 땅이 굳어진다

비 온 뒤에 땅이 굳어진다

속담 41

빈 수레가 요란하다

수레에 짐이 있으면 소리가 나지 않지만, 아무것도 싣지 않은 수레는 덜커덩덜커덩 요란한 소리가 난답니다. 이처럼 실속 없는 사람이 겉으로 더 떠들어 댐을 비유적으로 이르는 말이에요.

한 글자씩 또박또박 따라 써 보세요.

빈 수레가 요란하다

빈 수레가 요란하다

속담 42

사공이 많으면 배가 산으로 간다

여러 사람이 저마다 제 주장대로 배를 몰려고 하면 결국에는 배가 물로 못 가고 산으로 올라간다는 뜻이에요. 어떤 일을 진행할 때 지시하고 간섭하는 사람이 많으면 일이 제대로 되기 어려워진답니다.

한 글자씩 또박또박 따라 써 보세요.

사공이 많으면 배가 산으로 간다

사공이 많으면 배가 산으로 간다

속담 43

서당 개 삼 년에 풍월을 한다

서당에서 삼 년 동안 살면서 매일 글 읽는 소리를 듣다 보면 개조차도 글 읽는 소리를 내게 된다는 뜻이에요. 어떤 분야에 대하여 지식과 경험이 전혀 없는 사람이라도 그 부문에 오래 있으면 얼마간의 지식과 경험을 갖게 되지요.

한 글자씩 또박또박 따라 써 보세요.

서당 개 삼 년에 풍월을 한다

서당 개 삼 년에 풍월을 한다

속담 44

쇠귀에 경 읽기

소 앞에서 아무리 좋은 말을 일러 줘도 그 소가 알아듣지 못하듯이, 아무리 가르치고 일러 주어도 알아듣지 못하는 상황일 때 쓸 수 있어요.

한 글자씩 또박또박 따라 써 보세요.

쇠귀에 경 읽기

쇠귀에 경 읽기

속담 45

시작이 반이다

무슨 일이든지 시작하기가 어렵지 일단 시작하면 반 이상 한 것과 다름없으므로, 일을 끝마치기는 그리 어렵지 않다는 말이에요.

한 글자씩 또박또박 따라 써 보세요.

시작이 반이다

시작이 반이다

열 길 물속은 알아도 한 길 사람의 속은 모른다

아무리 깊은 물이라도 그 깊이를 헤아릴 수 있지만, 사람의 속마음은 알아내기가 매우 힘듦을 비유적으로 이르는 말이에요.

한 글자씩 또박또박 따라 써 보세요.

열 길 물속은 알아도 한 길 사람의 속은 모른다

열 길 물속은 알아도 한 길 사람의 속은 모른다

자라 보고 놀란 가슴 솥뚜껑 보고 놀란다

자라를 보고 놀란 사람이 자라와 비슷하게 생긴 솥뚜껑을 보고도 놀란다는 뜻이에요. 어떤 물건 때문에 몹시 놀란 사람은 비슷한 물건만 봐도 겁이 날 수 있어요.

한 글자씩 또박또박 따라 써 보세요.

자라 보고 놀란 가슴 솥뚜껑 보고 놀란다

자라 보고 놀란 가슴 솥뚜껑 보고 놀란다

속담 48

지성이면 감천

정성이 지극하면 하늘도 감동하여 도와준다는 뜻이에요. 무슨 일에든 정성을 다하면 몹시 어려운 일도 순조롭게 풀려 좋은 결과를 이룰 수 있다는 말이지요.

한 글자씩 또박또박 따라 써 보세요.

지성이면 감천

지성이면 감천

첫술에 배부르랴

밥을 한 숟갈 먹고는 배가 부르지 않아요. 한 숟갈 먹고 배가 부르길 바란다면 무척 조급한 사람일 거예요. 모든 일은 처음부터 큰 성과를 낼 수 없으니, 조급한 마음을 거두고 꾸준히 노력하는 자세를 가지면 좋겠지요.

한 글자씩 또박또박 따라 써 보세요.

첫술에 배부르랴

첫술에 배부르랴

팔이 안으로 굽지 밖으로 굽나

팔이 밖으로 꺾이지 않고 안으로 굽듯이, 사람은 누구나 자기와 가까운 사람에게 마음이 기울어지게 마련이라는 뜻이에요.

한 글자씩 또박또박 따라 써 보세요.

팔이 안으로 굽지 밖으로 굽나

팔이 안으로 굽지 밖으로 굽나

원작 민쩌미

같은 이야기라도 민쩌미가 하면 다르지! 1인 다역 코미디 연기로 구독자들의 열렬한 지지와 사랑을 받고 있는 유튜브 채널. 사랑할 수밖에 없는 예측 불허 말괄량이 캐릭터인 주인공 민쩌미가 일상 이야기를 특유의 발랄함과 재치로 풀어 내며 깊은 공감과 밝은 웃음을 전한다. 온 가족이 함께 즐기는 채널을 만들기 위해 항상 노력 중이다.

초판 1쇄 인쇄 2023년 7월 10일
초판 1쇄 발행 2023년 7월 31일

원작 민쩌미
그림 최원선
본문 구성 박미진

발행인 심정섭
편집인 안예남
편집팀장 이주희
편집 양선희
제작 정승헌
브랜드마케팅 김지선
출판마케팅 홍성헌, 경주현
디자인 DESIGN PLUS

발행처 ㈜서울문화사
등록일 1988년 2월 16일
등록번호 제2-484
주소 서울시 용산구 새창로 221-19
전화 02-799-9196(편집) | 02-791-0752(출판마케팅)

ISBN 979-11-6923-204-3
ISBN 979-11-6923-203-6(세트)

SANDBOX ©SANDBOX NETWORK. All Rights Reserved. ©MJJM. All Rights Reserved.
※본 상품은 ㈜샌드박스네트워크와의 정식 라이선스 계약에 의해
㈜서울문화사에서 제작, 판매하므로 무단 복제 및 전재를 금합니다.
※잘못된 제품은 구입하신 곳에서 교환해 드립니다.

어린이 사전 시리즈 ❶

민쩌미 백쩜만쩜 속담

굼벵이도 구르는 재주가 있다

쇠귀에 경 읽기

민쩌미와 친구들 소개

민쩌미

긍정적인 에너지가 넘치는 매력덩어리 명랑 소녀. 높게 묶은 리본 모양 머리가 트레이드마크다.

민서니

민쩌미의 언니. 민쩌미와 종종 싸울 때도 있지만 위급한 순간에는 손발이 척척 맞는다.

민일

민쩌미의 남동생. 민쩌미, 민서니와는 티격태격하기도 하지만 그래도 누나들을 좋아한다.

영미서

민쩌미네 엄마. 완벽한 성격의 소유자이며, 민쩌미네 집안 실세이다.

민현치

민쩌미네 아빠. 방귀쟁이에다가 엉뚱하기까지 하다. 엄마와는 정반대의 성격을 갖고 있다.

민쩌미

효율

민쩌미의 절친한 친구.
솔직하고 쿨한 성격의 소유자.
가끔 강하게 말할 때도 있지만
속은 다정하다.

공차두

잘생긴 전학생.
전학 온 날 아이들이 구경을
갔을 정도로 잘생겼다.
시크한 성격의 소년이다.

심소해

민쩌미의 절친한 친구.
소심한 성격 탓에
하고 싶은 말을
못 할 때도 있지만
상냥하고 착한 소녀다.

궁결

공부를 잘하는 친구.
책을 많이 읽으며 다방면의
지식이 풍부하다. 부드러운
말투를 사용하며 친절하다.

강한잼

개그 만점 친구.
재미있는 개그로 반 분위기를
주도한다. 강한잼이 있는 곳엔
늘 시끌벅적하다.

운태니

민쩌미의 오랜 친구.
민쩌미와는 어릴 때부터 친구다.
쩌미와 티격태격 케미를
보여 주고 있다.

차례

초등 1~2학년 필수 속담 ······ 9

가는 말이 고와야 오는 말이 곱다 / 고래 싸움에 새우 등 터진다 / 고양이한테 생선을 맡기다 / 그림의 떡 / 꼬리가 길면 밟힌다 / 도둑이 제 발 저리다 / 동에 번쩍 서에 번쩍 / 등잔 밑이 어둡다 / 믿는 도끼에 발등 찍힌다 / 밑 빠진 독에 물 붓기 / 바늘 가는 데 실 간다 / 병 주고 약 준다 / 소 잃고 외양간 고친다 / 열 번 찍어 아니 넘어가는 나무 없다 / 열 손가락 깨물어 안 아픈 손가락이 없다 / 지렁이도 밟으면 꿈틀한다 / 호랑이도 제 말 하면 온다

초등 3~4학년 필수 속담 ······ 45

가는 날이 장날 / 고생 끝에 낙이 온다 / 금강산도 식후경 / 돌다리도 두들겨 보고 건너라 / 뛰는 놈 위에 나는 놈 있다 / 마른하늘에 날벼락 / 말이 씨가 된다 / 모르면 약이요 아는 게 병 / 무소식이 희소식 / 불난 집에 부채질한다 / 소 뒷걸음질 치다 쥐 잡기 / 원숭이도 나무에서 떨어진다 / 윗물이 맑아야 아랫물이 맑다 / 입에 쓴 약이 병에는 좋다 / 참새가 방앗간을 그저 지나랴 / 천 리 길도 한 걸음부터 / 티끌 모아 태산

초등 5~6학년 필수 속담 ······ 81

가랑비에 옷 젖는 줄 모른다 / 개구리 올챙이 적 생각 못 한다 / 굼벵이도 구르는 재주가 있다 / 낮말은 새가 듣고 밤말은 쥐가 듣는다 / 발 없는 말이 천 리 간다 / 비 온 뒤에 땅이 굳어진다 / 빈 수레가 요란하다 / 사공이 많으면 배가 산으로 간다 / 서당 개 삼 년에 풍월을 한다 / 쇠귀에 경 읽기 / 시작이 반이다 / 열 길 물속은 알아도 한 길 사람의 속은 모른다 / 자라 보고 놀란 가슴 솥뚜껑 보고 놀란다 / 지성이면 감천 / 첫술에 배부르랴 / 팔이 안으로 굽지 밖으로 굽나

속담 퀴즈 ······ 114

정답 ······ 118

가는 말이 고와야 오는 말이 곱다

내가 남에게 말이나 행동을 좋게 해야 남도 나에게 똑같이 좋게 대해 준다는 뜻이에요. 다른 사람에게 예의를 차리지 않고 배려하지 않으면서 친절을 기대하면 안 되겠지요.

속담 쏙쏙

비슷한 속담은 뭐가 있을까?

'가는 떡이 커야 오는 떡이 크다'라는 속담이 있어.

고래 싸움에 새우 등 터진다

 고래만큼 강한 사람들이 서로 싸우는 바람에 아무 상관도 없는 약한 사람이 중간에 끼어 피해를 입게 됨을 비유적으로 이르는 말이에요.

속담 쏙쏙

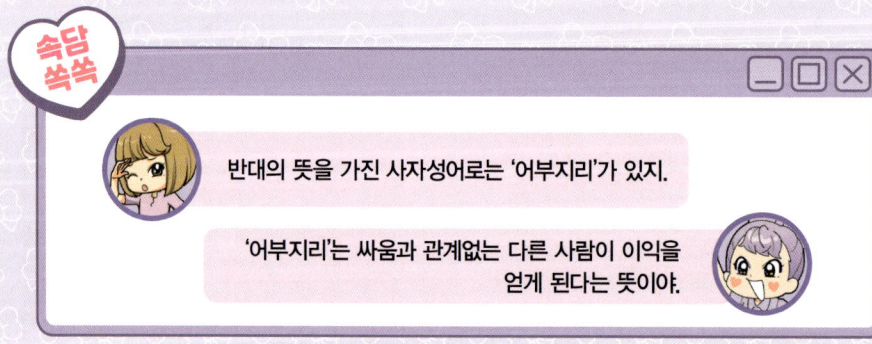

반대의 뜻을 가진 사자성어로는 '어부지리'가 있지.

'어부지리'는 싸움과 관계없는 다른 사람이 이익을 얻게 된다는 뜻이야.

고양이한테 생선을 맡기다

고양이한테 생선을 맡기면 고양이가 생선을 먹을 것이 뻔하다는 뜻이에요. 중요한 일이나 물건을 믿지 못할 사람에게 맡겨 두면 마음이 놓이지 않아 걱정되겠지요.

속담 쏙쏙

- 비슷한 속담이 있어?
- '고양이보고 반찬 가게 지키라는 격이다'라는 속담이 있지.

그림의 떡

아무리 마음에 들어도 이용할 수 없거나 차지할 수 없는 경우를 이르는 말이에요. 그림으로 그려진 떡을 먹을 수는 없겠지요.

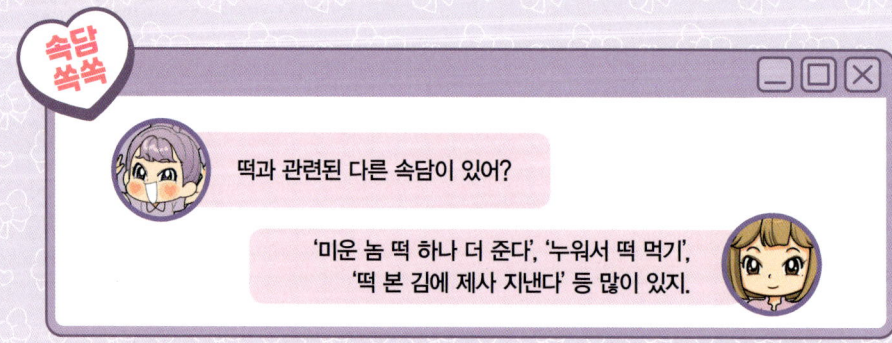

속담 쏙쏙

떡과 관련된 다른 속담이 있어?

'미운 놈 떡 하나 더 준다', '누워서 떡 먹기', '떡 본 김에 제사 지낸다' 등 많이 있지.

꼬리가 길면 밟힌다

나쁜 일을 아무리 남모르게 한다고 해도 오랫동안 여러 번 계속 하면 결국에는 들키고 만다는 뜻이에요. 꼬리가 긴 동물을 상상해 보세요. 꼬리가 길면 밟히거나 눈에 띄기 쉽겠지요.

속담 쏙쏙

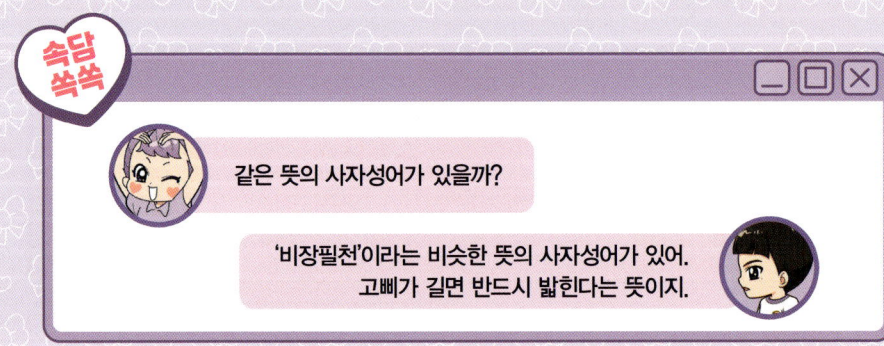

같은 뜻의 사자성어가 있을까?

'비장필천'이라는 비슷한 뜻의 사자성어가 있어. 고삐가 길면 반드시 밟힌다는 뜻이지.

도둑이 제 발 저리다

잘못한 일이 있거나 죄를 지으면 자연히 마음이 조마조마해진다는 뜻이에요. 자신의 잘못을 들킬까 봐 두려워하다 보면, 결국은 자기도 모르는 새에 그것을 드러내게 되지요.

속담 쏙쏙

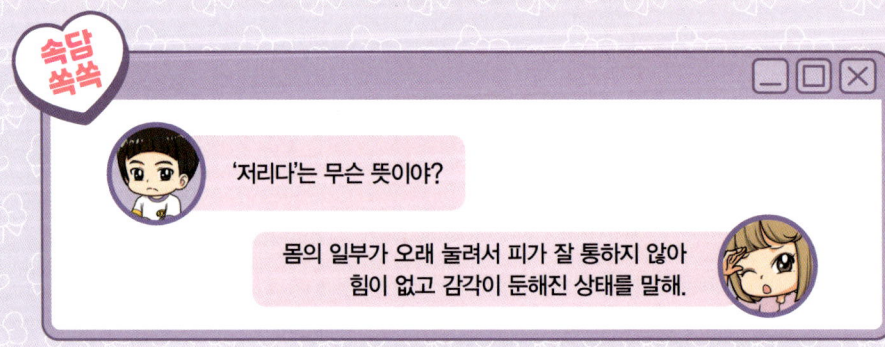

'저리다'는 무슨 뜻이야?

몸의 일부가 오래 눌려서 피가 잘 통하지 않아 힘이 없고 감각이 둔해진 상태를 말해.

 게임기 화장품

동에 번쩍 서에 번쩍

종적을 걷잡을 수 없을 만큼 왔다 갔다 함을 이르는 말이에요. 하루에도 몇 번씩 이곳저곳에 나타나는 사람이나 바빠 보이는 사람을 비유할 때 사용해요.

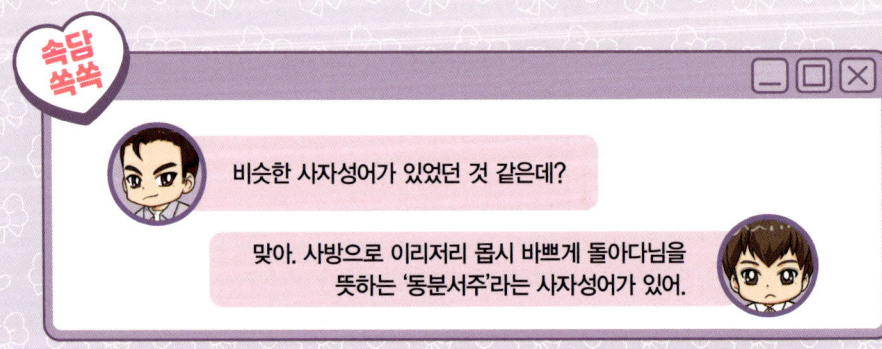

비슷한 사자성어가 있었던 것 같은데?

맞아. 사방으로 이리저리 몹시 바쁘게 돌아다님을 뜻하는 '동분서주'라는 사자성어가 있어.

꺄—악

와, 공차두는
혼자 여기저기 다 뛰어다니면서
공을 차네. 대단해!
슉
슉
맞아.
동에 번쩍 서에 번쩍
뛰어다니네.
슉

숨은 그림 찾기
머리핀
안경

등잔 밑이 어둡다

가까이 있는 것을 알아보지 못한다는 뜻이에요. 바늘을 떨어뜨려서 촛불을 켜고 방 안을 샅샅이 뒤졌지만 오히려 등잔 밑에서 잃어 버린 바늘을 찾게 되는 상황을 떠올려 보세요.

'등잔'이 뭐야?

기름을 담아 등불을 켜는 데 쓰는 그릇을 말해. 등잔은 불을 밝히지만, 등잔 밑은 그림자가 생겨서 굉장히 어두워.

믿는 도끼에 발등 찍힌다

잘될 거라 믿었던 일이 어긋나거나 믿었던 사람이 배신해서 해를 입는다는 뜻이에요. 늘 사용하던 익숙한 도끼라도 잘못 방심하면 발등을 찍힐 수 있어요.

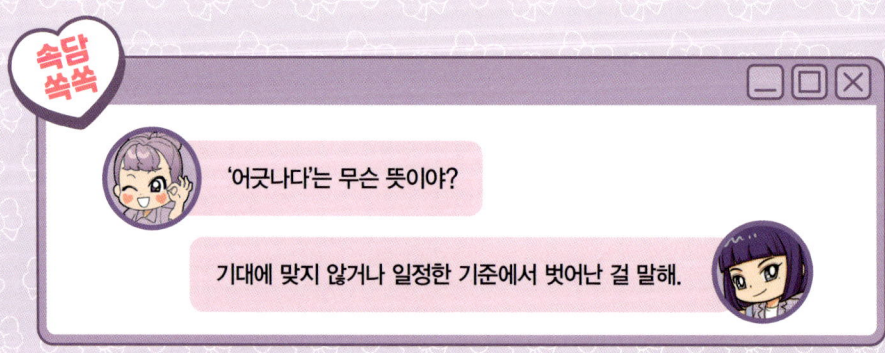

'어긋나다'는 무슨 뜻이야?

기대에 맞지 않거나 일정한 기준에서 벗어난 걸 말해.

밑 빠진 독에 물 붓기

 아무리 애를 써도 보람 없이 헛된 일이 된다는 뜻이에요. 밑이 뚫린 항아리에 물을 계속 부어 봤자 뚫린 틈으로 물이 흘러서 가득 채우기 힘들겠지요.

속담 쏙쏙

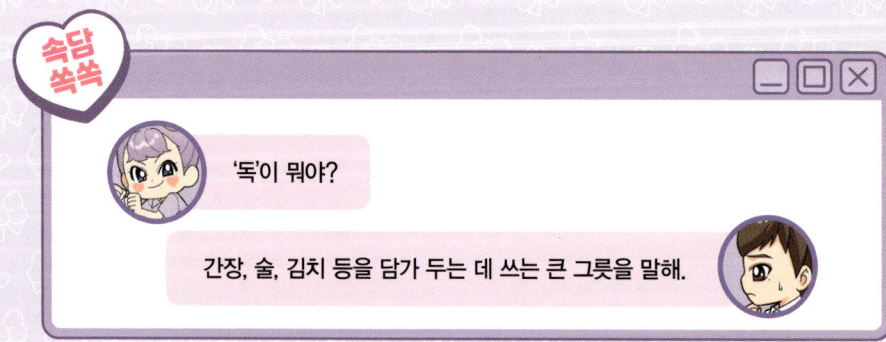

'독'이 뭐야?

간장, 술, 김치 등을 담가 두는 데 쓰는 큰 그릇을 말해.

바늘 가는 데 실 간다

바늘이 가는 데 실이 항상 뒤따른다는 뜻이에요. 바늘과 실처럼 항상 함께하는 매우 가까운 사이를 나타내는 말이지요.

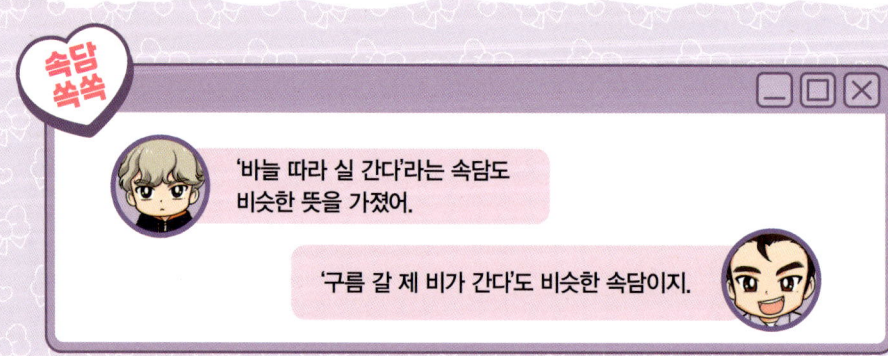

'바늘 따라 실 간다'라는 속담도 비슷한 뜻을 가졌어.

'구름 갈 제 비가 간다'도 비슷한 속담이지.

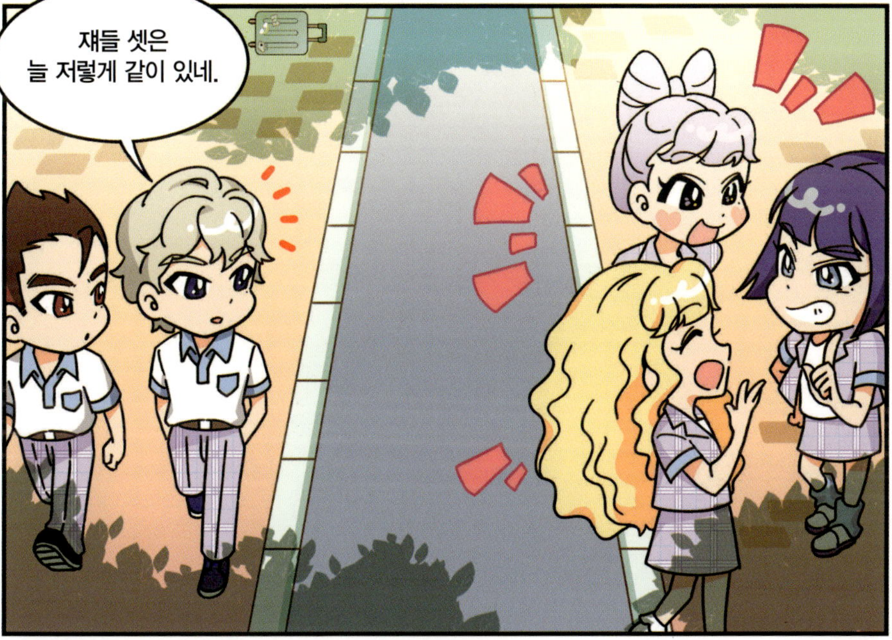
걔들 셋은
늘 저렇게 같이 있네.

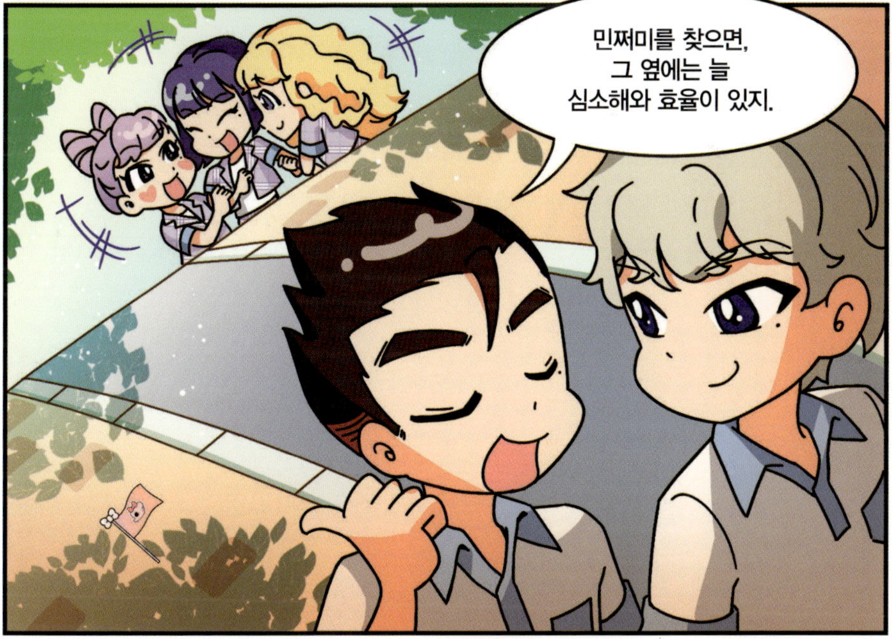
민쩌미를 찾으면,
그 옆에는 늘
심소해와 효율이 있지.

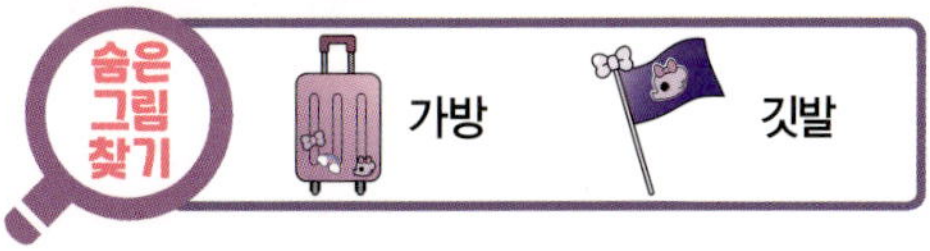
숨은 그림 찾기
가방
깃발

병 주고 약 준다

남에게 해를 입혀 놓고 약을 주며 도와준다는 뜻이에요. 이미 상처를 입힌 후에 뒤늦게 약을 발라 준다고 해도 상처가 사라지지는 않겠지요.

속담 쏙쏙

'어루만지다'는 무슨 뜻이야?

듣기 좋은 말이나 행동으로 달래거나 마음을 풀어 주는 걸 말해.

소 잃고 외양간 고친다

 일이 이미 잘못된 뒤에는 수습하려고 해도 소용없다는 뜻이에요. 일이 벌어지고 난 뒤에 후회한다고 해도 상황은 달라지지 않아요. 그러니 미리 준비를 잘 해 두어야겠지요.

속담 쏙쏙

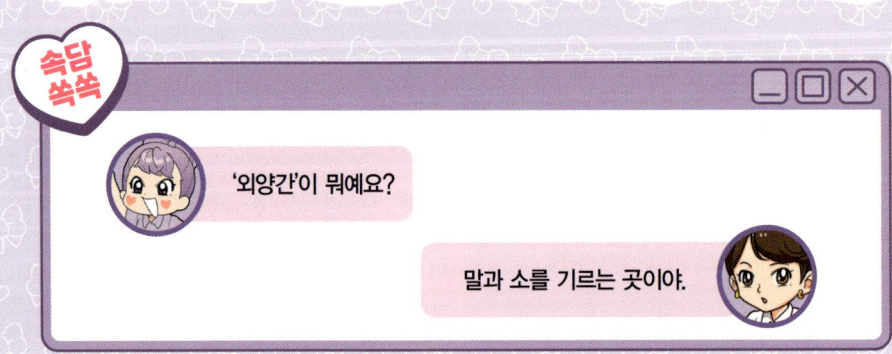

'외양간'이 뭐예요?

말과 소를 기르는 곳이야.

열 번 찍어 아니 넘어가는 나무 없다

아무리 뜻이 굳은 사람이라도 여러 번 권하거나 꾀고 달래면 결국은 마음이 변한다는 뜻이에요. 아무리 크고 굳센 나무라도 도끼로 여러 번 찍으면 언젠가는 쓰러져 넘어가겠지요.

속담 쏙쏙

'뜻이 굳다'는 게 무슨 말이야?

흔들리거나 바뀌지 않을 만큼 생각이 단단한 사람에게 쓰는 말이야.

열 손가락 깨물어 안 아픈 손가락이 없다

 열 손가락을 깨물어 보면 덜 아픈 손가락 없이 모두 아플 거예요. 이처럼 모두 다 똑같이 귀하고 소중하다는 뜻이에요.

속담 쏙쏙

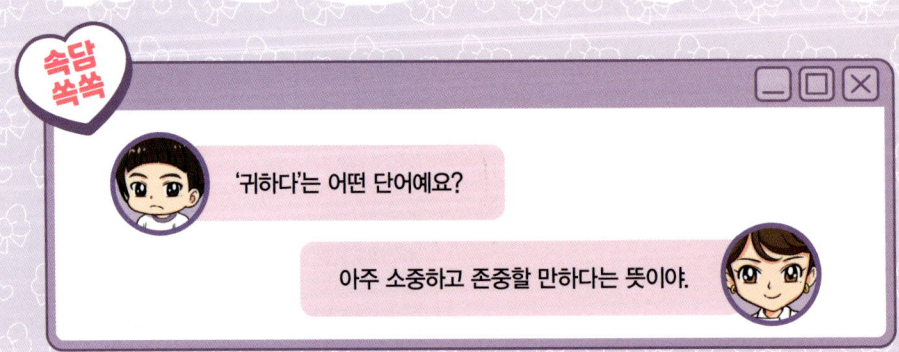

과일 바구니

핸드폰

지렁이도 밟으면 꿈틀한다

 아무리 순하고 좋은 사람이라도 너무 무시하고 업신여기면 가만히 있지만은 않는다는 뜻이에요. 화를 내지 않을 것 같던 친구도 심한 장난을 하면 화를 낼 테니 함부로 대해서는 안 돼요.

속담 쏙쏙

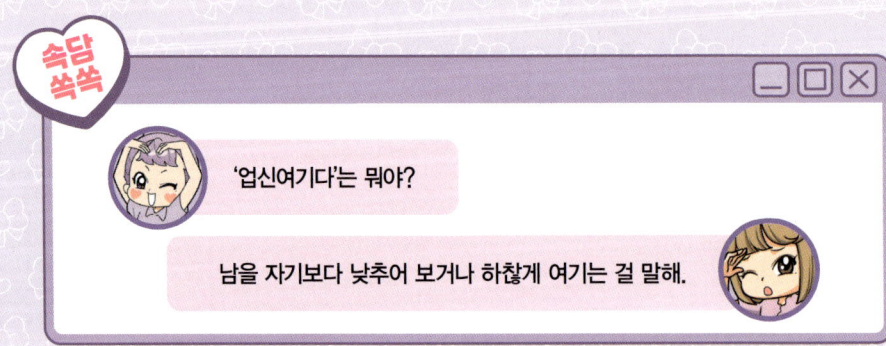

'업신여기다'는 뭐야?

남을 자기보다 낮추어 보거나 하찮게 여기는 걸 말해.

호랑이도 제 말 하면 온다

깊은 산에 있는 호랑이조차도 저에 대하여 이야기하면 찾아온다는 뜻이에요. 어떤 경우라도 그 자리에 없는 사람을 흉보아서는 안 되겠지요.

속담 쏙쏙

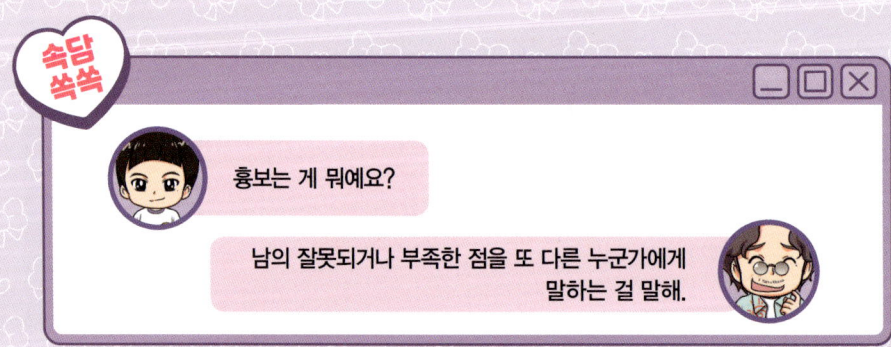

흉보는 게 뭐예요?

남의 잘못되거나 부족한 점을 또 다른 누군가에게 말하는 걸 말해.

 카메라 가방

속담 다지기 1

사다리를 타고 내려가서 알맞은 속담을 완성시켜 보세요.

| 가는 말이 고와야 | 등잔 밑이 | 믿는 도끼에 | 호랑이도 |

| 어둡다 | 제 말 하면 온다 | 발등 찍힌다 | 오는 말이 곱다 |

가는 날이 장날

어떤 일을 하려고 하는데 뜻하지 않은 일을 당해 허탕을 쳤다는 뜻이에요. 어떤 사람이 친구를 만나러 큰맘 먹고 찾아갔는데, 마침 그날 마을에 장이 서는 바람에 친구가 장에 가고 집에 없어서 만나지 못하고 돌아왔다는 데서 생긴 말이에요.

속담 쏙쏙

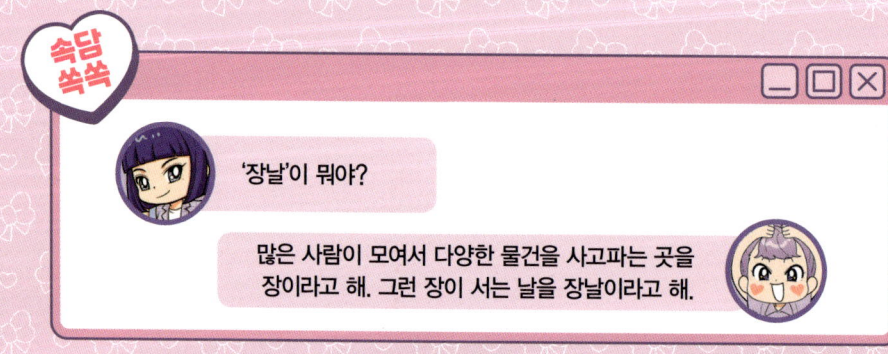

'장날'이 뭐야?

많은 사람이 모여서 다양한 물건을 사고파는 곳을 장이라고 해. 그런 장이 서는 날을 장날이라고 해.

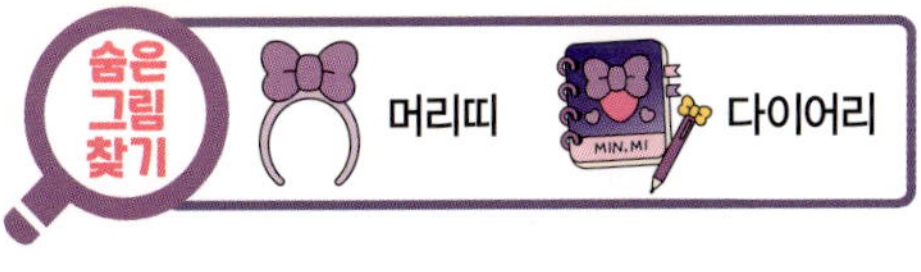

고생 끝에 낙이 온다

어렵거나 고된 일을 겪은 뒤에는 반드시 즐겁고 좋은 일이 생긴다는 뜻이에요. 힘겨운 상황 속에서 최선을 다하는 사람을 위로할 때 사용할 수 있는 속담이지요.

속담 쏙쏙

'낙'이 뭐예요?

즐거움이나 재미를 말해. '즐거울 낙(樂)'이라는 한자에서 온 말이야.

금강산도 식후경

금강산의 멋진 풍경도 밥을 먹은 후에 봐야 제대로 즐길 수 있다는 뜻이에요. 아무리 재미있는 일이라도 배가 불러야 흥이 나지 배가 고파서는 아무 일도 할 수 없겠지요.

 금강산은 어떤 산이야?

강원도 북부에 있는 높이 1,638미터의 명산이야. 바위와 돌이 많고, 곳곳에 폭포와 못이 있어 경치가 매우 아름답지.

돌다리도 두들겨 보고 건너라

잘 아는 일이라도 세심하게 주의를 기울이라는 뜻이에요. 아무리 튼튼해 보이는 돌다리라도 무너질 확률이 있으니 건너가도 되는지 두드려 보고 확인해야 안전하겠지요.

속담 쏙쏙

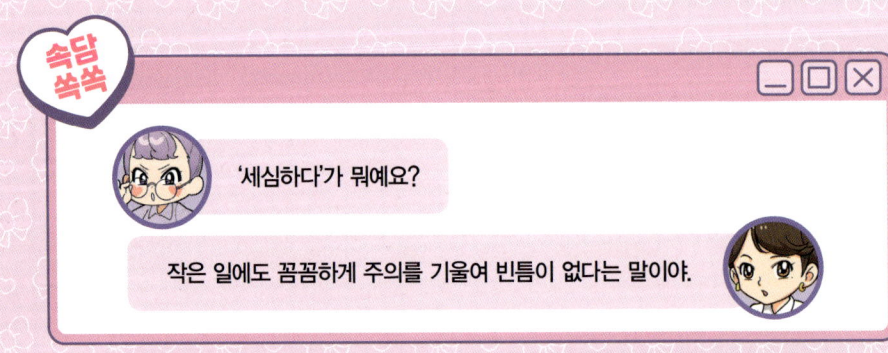

'세심하다'가 뭐예요?

작은 일에도 꼼꼼하게 주의를 기울여 빈틈이 없다는 말이야.

뛰는 놈 위에 나는 놈 있다

아무리 재주가 뛰어나다 하더라도 그보다 더 뛰어난 사람이 있다는 뜻이에요. 어떤 한 분야에서 뛰어난 사람이라도 세상에는 그보다 훨씬 더 뛰어난 사람이 있을 수 있으니 결코 자만해서는 안 되겠지요.

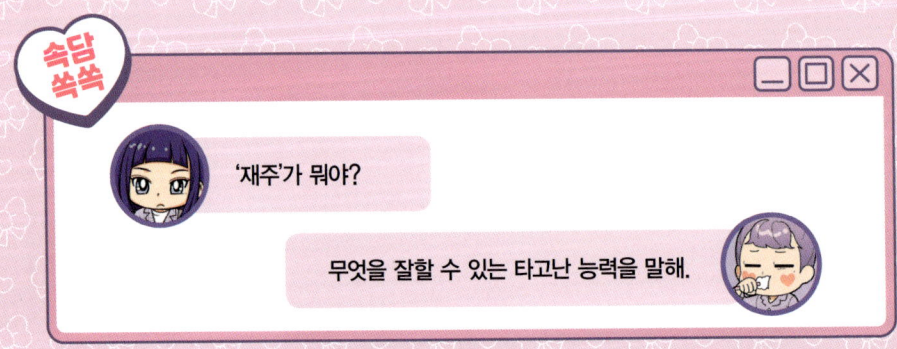

'재주'가 뭐야?

무엇을 잘할 수 있는 타고난 능력을 말해.

이번에는 소해가 대상 받을 것 같아!

맞아, 소해가 만든 작품이 가장 멋질 거야!

쩜바쩜 중학교 그림 대회

대상

김미술

대, 대단해. 중학생이 그린 거 맞아?

숨은 그림 찾기  가방 목도리

마른하늘에 날벼락

뜻하지 않은 상황에서 뜻밖에 일어난 재앙과 고난을 이르는 말이에요. 맑고 화창한 날이라 우산을 준비하지도 않았는데 느닷없이 비가 내리고 벼락이 치면 아주 당황스럽겠지요.

속담 쏙쏙

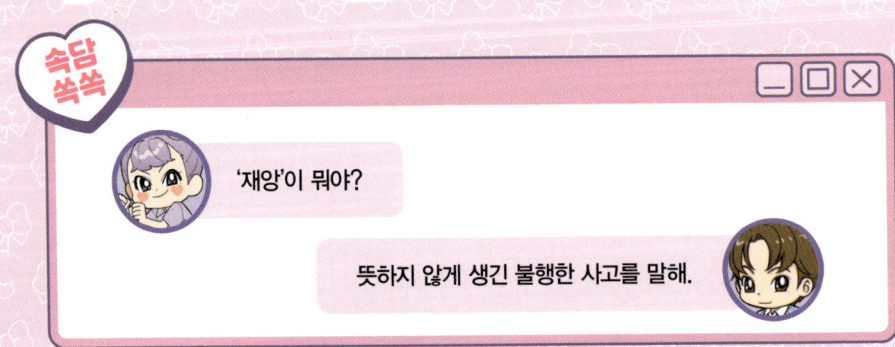

'재앙'이 뭐야?

뜻하지 않게 생긴 불행한 사고를 말해.

말이 씨가 된다

늘 말하던 것이 마침내 사실대로 되었을 때를 이르는 말이에요. 말이 씨앗이 되어 말하는 대로 될지 모르니, "망했어.", "안 될 거야." 같은 말보다는 "잘될 거야.", "행복해."처럼 좋은 말을 많이 해야겠지요.

속담 쏙쏙

말과 관련된 또 다른 속담이 있을까?

말만 잘하면 어려운 일이나 불가능해 보이는 일도 해결할 수 있다는 '말 한마디에 천 냥 빚도 갚는다'라는 속담이 있어.

모르면 약이요 아는 게 병

아무것도 모르면 차라리 마음이 편하지만 조금 알고 있는 것은 걱정거리가 많아져 도리어 해롭다는 뜻이에요. 몰랐다면 좋았을 일을 괜히 알아서 괴롭게 되었을 때 쓰는 말이에요.

속담 쏙쏙

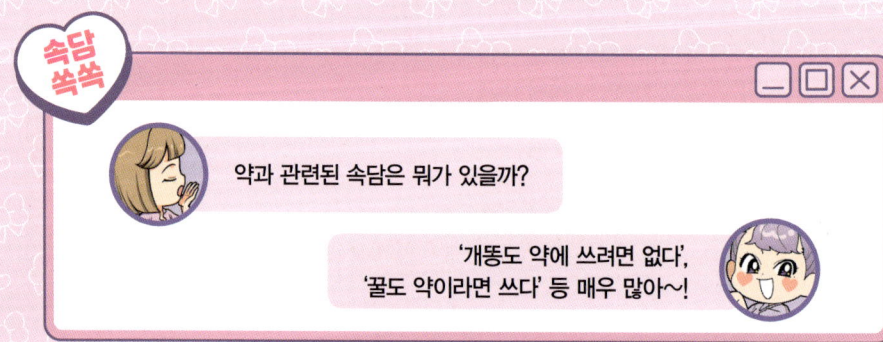

약과 관련된 속담은 뭐가 있을까?

'개똥도 약에 쓰려면 없다', '꿀도 약이라면 쓰다' 등 매우 많아~!

무소식이 희소식

 아무런 소식이 없는 것은 무사히 잘 지내고 있다는 말이니, 이는 곧 기쁜 소식이나 다름없다는 뜻이겠지요.

속담 쏙쏙

 이 속담 속 '무'와 '희'가 무슨 뜻인지 알아요?

무소식의 '무'는 없을 무(無) 자를 써서 소식이 없다는 뜻이고, 희소식의 '희'는 기쁠 희(喜) 자를 써서 기쁜 소식이라는 뜻이지요.

불난 집에 부채질한다

남의 재앙을 점점 더 커지도록 만들거나 화난 사람을 더욱 화나게 한다는 뜻이에요. 불난 집에 부채질을 하면 불길이 더욱 거세지겠지요.

속담 쏙쏙

'부채질'이 뭐야?

부채를 흔들어 바람을 일으키는 일을 말해.

소 뒷걸음질 치다 쥐 잡기

소가 뒷걸음질 치다가 우연히 쥐를 잡게 되었다는 뜻이에요. 어떤 일을 하다가 뜻하지 않게 좋은 결과를 얻게 된 경우를 비유하는 말이지요.

 속담 쏙쏙

 소와 관련된 또 다른 속담이 있어?

아무 관심 없는 사이라는 뜻의 '소 닭 보듯 닭 소 보듯'이라는 속담이 있어. 상대방이 하는 일에 아무 관심이 없을 때 쓰는 말이야.

원숭이도 나무에서 떨어진다

아무리 익숙하고 잘하는 사람이라도 간혹 실수할 때가 있다는 뜻이에요. 원숭이는 나무를 잘 타는 동물로 알려져 있지만 가끔 나무에서 미끄러져 떨어질 때도 있어요.

속담 쏙쏙

이 속담과 비슷한 속담이 있어?

'닭도 홰에서 떨어지는 날이 있다'라는 속담이 있어.

윗물이 맑아야 아랫물이 맑다

물은 높은 곳에서 낮은 곳으로 흐르기 때문에 윗물이 맑으면 아랫물도 맑고, 윗물이 흐리고 탁하면 아랫물도 깨끗하지 않아요. 이처럼 윗사람이 먼저 바르게 행동하면 아랫사람도 본받아 바르게 행동한다는 뜻이에요.

속담 쏙쏙

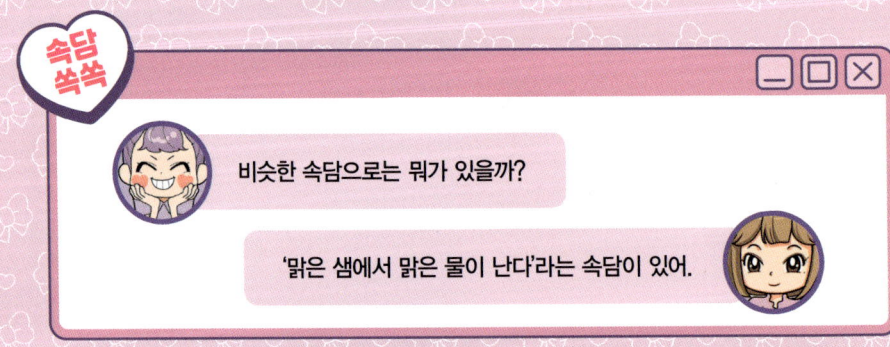

비슷한 속담으로는 뭐가 있을까?

'맑은 샘에서 맑은 물이 난다'라는 속담이 있어.

 향수  쿠키

입에 쓴 약이 병에는 좋다

자기에 대한 충고나 비판이 당장은 듣기 불편할지 몰라도 그것을 달게 받아들이면 이롭다는 뜻이에요. 약은 써서 먹을 땐 힘들지만 먹고 나면 몸이 건강해지지요.

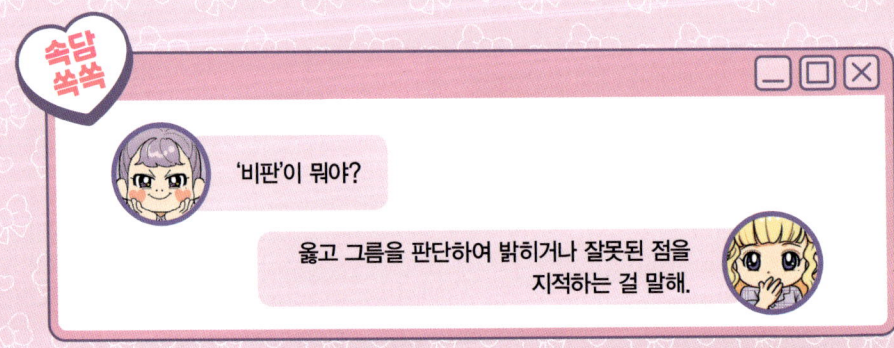

'비판'이 뭐야?

옳고 그름을 판단하여 밝히거나 잘못된 점을 지적하는 걸 말해.

참새가 방앗간을 그저 지나랴

 곡식을 좋아하는 참새가 먹이가 가득한 방앗간을 지나치지 못하는 것처럼, 자기가 좋아하는 곳은 그대로 지나치지 못한다는 뜻이에요.

속담 쏙쏙

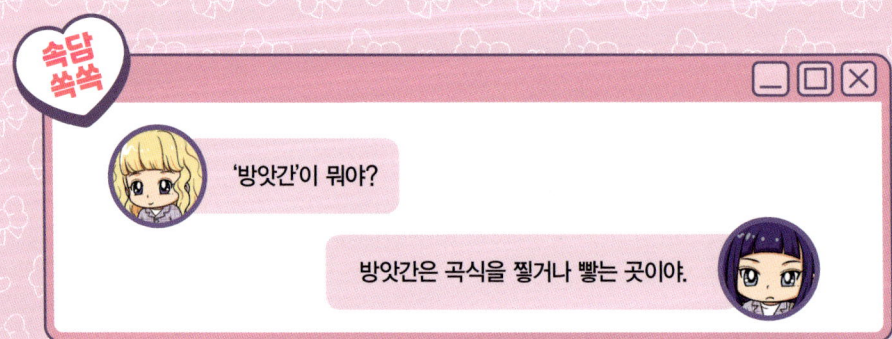

'방앗간'이 뭐야?

방앗간은 곡식을 찧거나 빻는 곳이야.

천 리 길도 한 걸음부터

무슨 일이든지 그 일의 시작이 중요하다는 뜻이에요. 천 리 길을 간다고 하더라도 한 걸음을 내디뎌야 시작할 수 있겠지요.

속담 쏙쏙

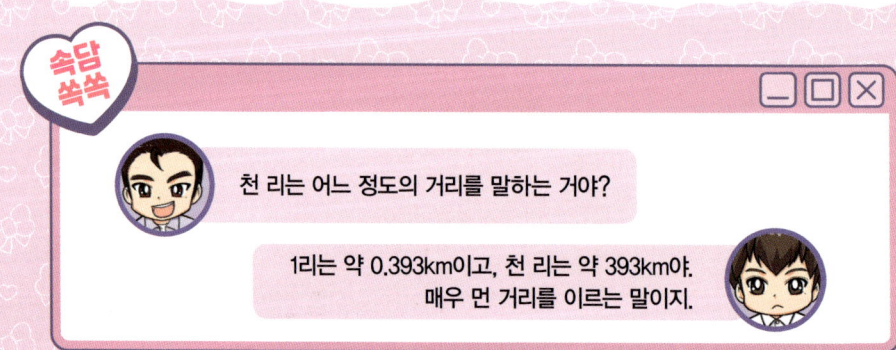

천 리는 어느 정도의 거리를 말하는 거야?

1리는 약 0.393km이고, 천 리는 약 393km야. 매우 먼 거리를 이르는 말이지.

티끌 모아 태산

아무리 작은 것이라도 모이고 모이면 나중에 큰 덩어리가 된다는 뜻이에요. 작은 먼지처럼 몹시 작거나 적은 것을 모아 쌓아 가다 보면 태산처럼 크고 많은 무언가가 될 수 있어요.

속담 쏙쏙

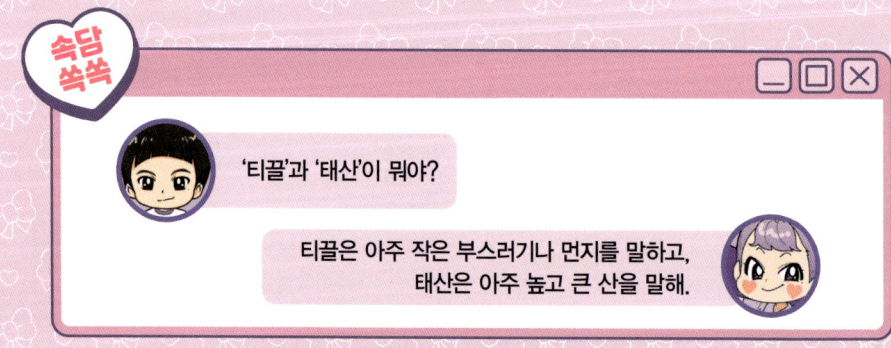

'티끌'과 '태산'이 뭐야?

티끌은 아주 작은 부스러기나 먼지를 말하고, 태산은 아주 높고 큰 산을 말해.

속담 다지기 2

민쩌미의 대사 속 빈칸에 들어갈 알맞은 속담을 고르세요.

① 그림의 떡
② 티끌 모아 태산
③ 가는 날이 장날
④ 무소식이 희소식

가랑비에 옷 젖는 줄 모른다

 가랑비는 옷이 젖고 있는 것조차 못 느낄 정도로 아주 가늘게 내려요. 하지만 옷이 젖는 줄도 모르고 계속 맞고 있다 보면 한참 후에는 옷이 흠뻑 젖겠지요. 아무리 사소한 것이라도 계속 반복되면 무시하지 못할 정도로 큰 피해를 입을 수 있어요.

속담 쏙쏙

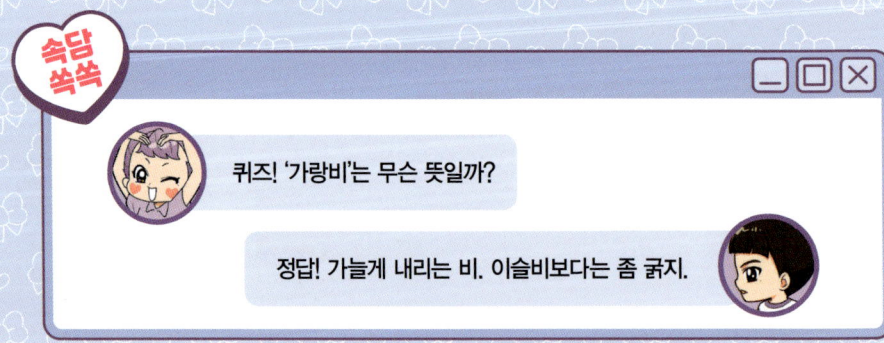

퀴즈! '가랑비'는 무슨 뜻일까?

정답! 가늘게 내리는 비. 이슬비보다는 좀 굵지.

개구리 올챙이 적 생각 못 한다

 형편이나 사정이 전보다 조금 나아졌다고 해서 예전에 어려웠던 때를 생각하지 못하고 잘난 체하는 사람들을 비유할 때 쓰는 말이에요. 개구리도 올챙이였던 시절이 있듯이 과거가 없으면 현재도 없다는 사실을 기억해야 해요.

속담 쏙쏙

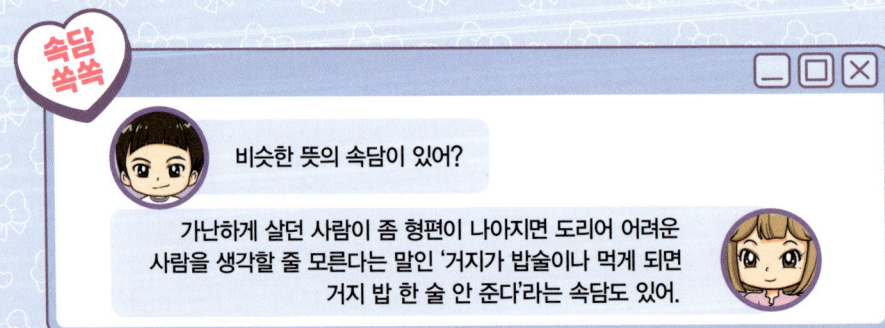

비슷한 뜻의 속담이 있어?

가난하게 살던 사람이 좀 형편이 나아지면 도리어 어려운 사람을 생각할 줄 모른다는 말인 '거지가 밥술이나 먹게 되면 거지 밥 한 술 안 준다'라는 속담도 있어.

굼벵이도 구르는 재주가 있다

아무리 능력이 부족해 보이는 사람도 한 가지 재주는 가지고 있다는 뜻이에요. 사람마다 잘할 수 있는 게 다를 뿐이니, 함부로 얕보면 안 되겠지요.

속담 쏙쏙

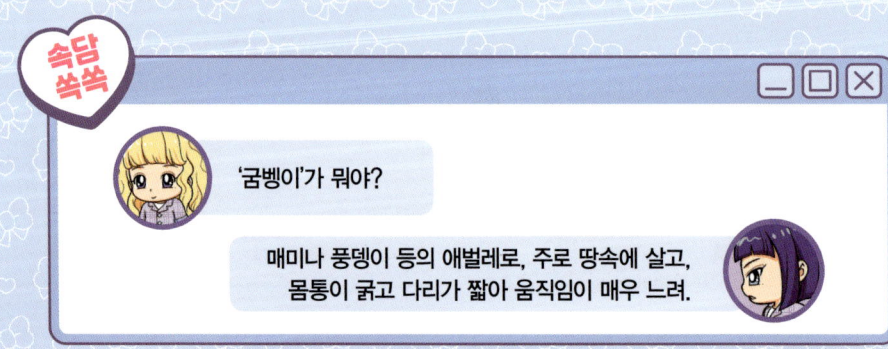

'굼벵이'가 뭐야?

매미나 풍뎅이 등의 애벌레로, 주로 땅속에 살고, 몸통이 굵고 다리가 짧아 움직임이 매우 느려.

낮말은 새가 듣고 밤말은 쥐가 듣는다

아무리 비밀로 한 말이라도 반드시 남의 귀에 들어가게 된다는 뜻이에요. 주위에 아무도 없다고 말을 함부로 하다가는 다른 사람이 알게 되어 큰코다칠 수 있으니 말조심해야겠지요.

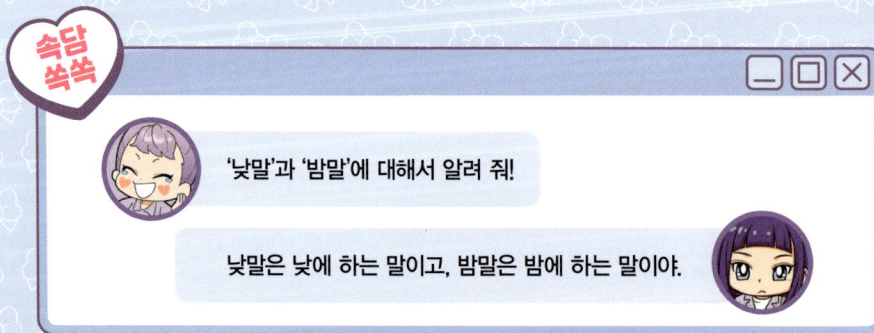

발 없는 말이 천 리 간다

입으로 한번 내뱉은 말은 발이 없지만, 달리는 말보다 더 빨리 퍼질 수 있다는 뜻이에요. 아주 멀리까지 순식간에 퍼지기 때문에 항상 말조심해야 해요.

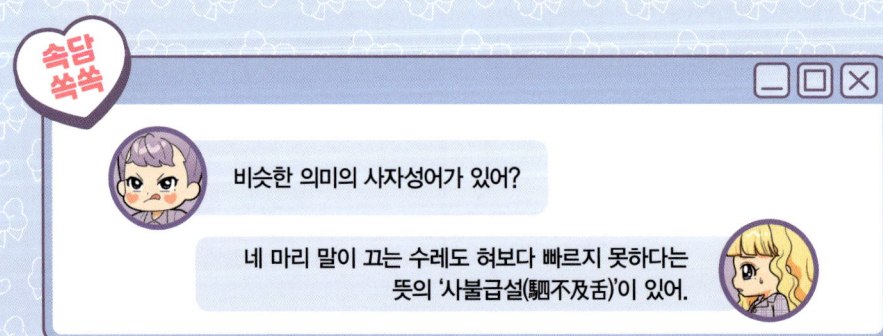

비슷한 의미의 사자성어가 있어?

네 마리 말이 끄는 수레도 혀보다 빠르지 못하다는 뜻의 '사불급설(駟不及舌)'이 있어.

비 온 뒤에 땅이 굳어진다

비에 젖어 질척거리던 흙이 마르면서 단단하게 굳어지듯, 사람도 어떤 시련을 겪은 뒤에는 몸과 마음이 굳세어져 더 강해진다는 뜻이에요.

속담 쏙쏙

땅과 관련된 또 다른 속담이 있어?

헤프게 쓰지 않고 아끼는 사람이 재산을 모으게 됨을 비유적으로 이르는 말인 '굳은 땅에 물이 괸다'라는 속담이 있어.

빈 수레가 요란하다

수레에 짐이 있으면 소리가 나지 않지만, 아무것도 싣지 않은 수레는 덜커덩덜커덩 요란한 소리가 난답니다. 이처럼 실속 없는 사람이 겉으로 더 떠들어 댐을 비유적으로 이르는 말이에요.

속담 쏙쏙

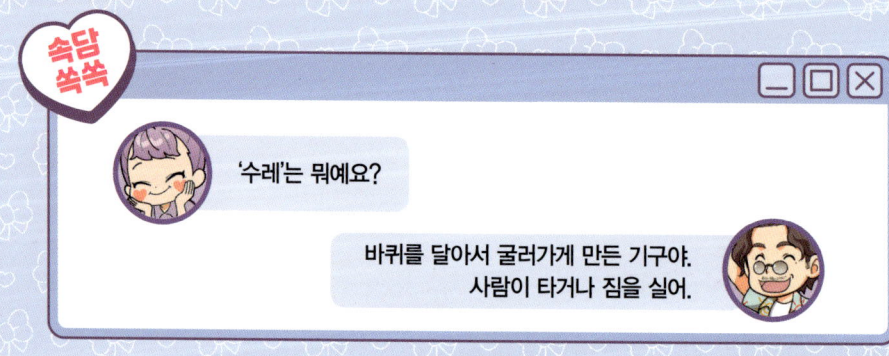

'수레'는 뭐예요?

바퀴를 달아서 굴러가게 만든 기구야. 사람이 타거나 짐을 실어.

사공이 많으면 배가 산으로 간다

여러 사람이 저마다 제 주장대로 배를 몰려고 하면 결국에는 배가 물로 못 가고 산으로 올라간다는 뜻이에요. 어떤 일을 진행할 때 지시하고 간섭하는 사람이 많으면 일이 제대로 되기 어려워진답니다.

속담 쏙쏙

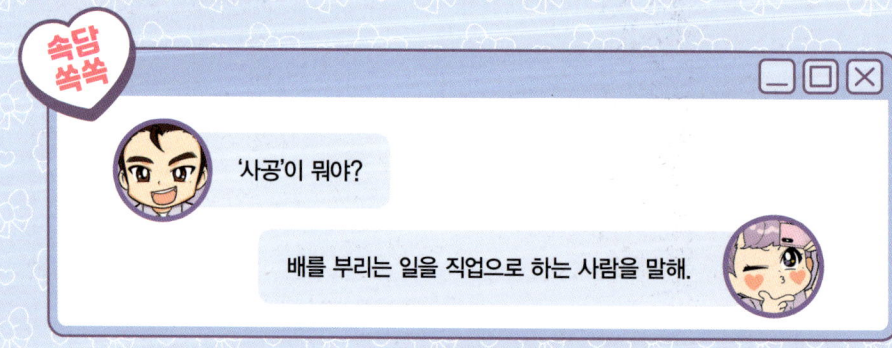

- '사공'이 뭐야?
- 배를 부리는 일을 직업으로 하는 사람을 말해.

서당 개 삼 년에 풍월을 한다

서당에서 삼 년 동안 살면서 매일 글 읽는 소리를 듣다 보면 개조차도 글 읽는 소리를 내게 된다는 뜻이에요. 어떤 분야에 대하여 지식과 경험이 전혀 없는 사람이라도 그 부문에 오래 있으면 얼마간의 지식과 경험을 갖게 되지요.

속담 쏙쏙

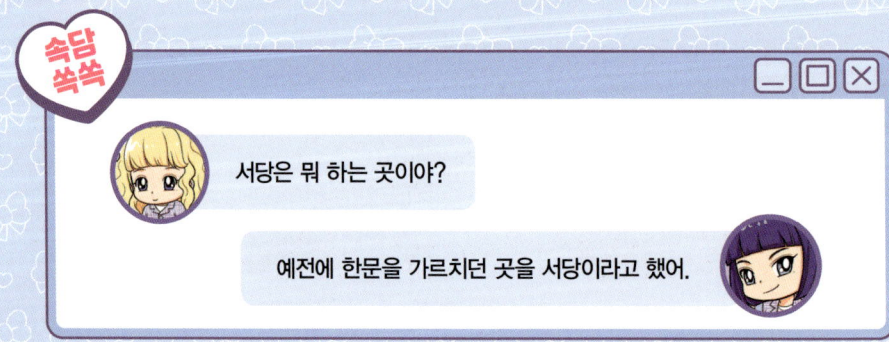

— 서당은 뭐 하는 곳이야?
— 예전에 한문을 가르치던 곳을 서당이라고 했어.

쇠귀에 경 읽기

소 앞에서 아무리 좋은 말을 일러 줘도 그 소가 알아듣지 못하듯이, 아무리 가르치고 일러 주어도 알아듣지 못하는 상황일 때 쓸 수 있어요.

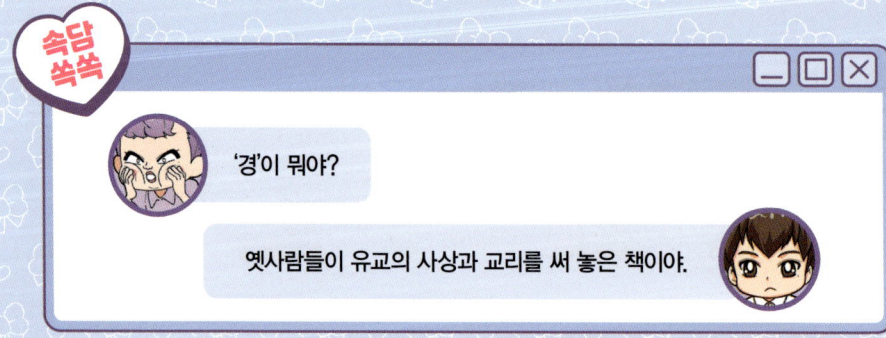

'경'이 뭐야?

옛사람들이 유교의 사상과 교리를 써 놓은 책이야.

시작이 반이다

 무슨 일이든지 시작하기가 어렵지 일단 시작하면 반 이상 한 것과 다름없으므로, 일을 끝마치기는 그리 어렵지 않다는 말이에요.

속담 쏙쏙

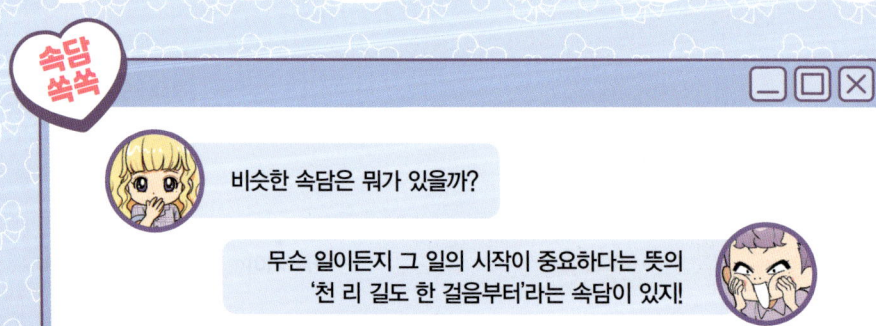

비슷한 속담은 뭐가 있을까?

무슨 일이든지 그 일의 시작이 중요하다는 뜻의 '천 리 길도 한 걸음부터'라는 속담이 있지!

열 길 물속은 알아도 한 길 사람의 속은 모른다

아무리 깊은 물이라도 그 깊이를 헤아릴 수 있지만, 사람의 속마음은 알아내기가 매우 힘듦을 비유적으로 이르는 말이에요.

 이 속담에서 '길'은 지나다니는 길이 아니죠.

맞아요. 이 속담에서 쓰인 '길'은 길이의 단위로 물건의 높이나 길이, 깊이 등을 어림잡는 데 쓰이죠. 한 길은 여덟 자 또는 열 자로 약 2.4미터 또는 3미터에 해당하는 길이예요.

자라 보고 놀란 가슴 솥뚜껑 보고 놀란다

자라를 보고 놀란 사람이 자라와 비슷하게 생긴 솥뚜껑을 보고도 놀란다는 뜻이에요. 어떤 물건 때문에 몹시 놀란 사람은 비슷한 물건만 봐도 겁이 날 수 있어요.

속담 쏙쏙

솥뚜껑이 어떻게 생겼길래, 자라와 닮았다고 하는 거야?

색깔이 시커멓고 주름져 있어서 얼핏 보면 푸르스름하고 회색빛을 띠는 자라의 등딱지 같아 보여.

지성이면 감천

정성이 지극하면 하늘도 감동하여 도와준다는 뜻이에요. 무슨 일에든 정성을 다하면 몹시 어려운 일도 순조롭게 풀려 좋은 결과를 이룰 수 있다는 말이지요.

 속담 쏙쏙

 '지성'과 '감천'은 어떤 뜻이야?

지성은 지극한 정성을, 감천은 정성이 지극하여 하늘이 감동했다는 것을 뜻해.

 포스터  인형

첫술에 배부르랴

 밥을 한 숟갈 먹고는 배가 부르지 않아요. 한 숟갈 먹고 배가 부르길 바란다면 무척 조급한 사람일 거예요. 모든 일은 처음부터 큰 성과를 낼 수 없으니, 조급한 마음을 거두고 꾸준히 노력하는 자세를 가지면 좋겠지요.

 이 속담에 나온 '술'은 어떤 뜻이야?

밥 등의 음식물을 숟가락으로 떠 그 분량을 세는 단위야.

팔이 안으로 굽지 밖으로 굽나

팔이 밖으로 꺾이지 않고 안으로 굽듯이, 사람은 누구나 자기와 가까운 사람에게 마음이 기울어지게 마련이라는 뜻이에요.

속담 쏙쏙

비슷한 뜻의 사자성어를 알고 있어?

팔은 안으로 굽지 밖으로 굽지 않는다는 '비불외곡(臂不外曲)'이 있어.

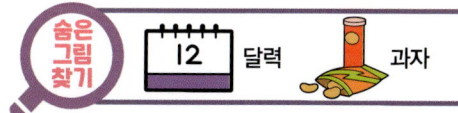

속담 퀴즈

 빈칸에 들어갈 글자가 순서대로 적힌 번호를 고르세요.

☐ 는 말이 고와야
☐ 는 말이 곱다

❶ 가 - 가   ❷ 오 - 가   ❸ 가 - 오   ❹ 오 - 오

 빈칸에 들어갈 알맞은 동물을 <보기>에서 찾아 쓰세요.

<보기> 고양이, 소, 호랑이, 고래

❶ ____ 싸움에 새우 등 터진다
❷ ____ 잃고 외양간 고친다
❸ ____ 한테 생선을 맡기다
❹ ____ 도 제 말 하면 온다

퀴즈 3 속담이 완성되도록 선을 이어 주세요.

열 번 찍어 아니 넘어가는 ♥   ♥ 반이다

시작이 ♥   ♥ 실 간다

바늘 가는 데 ♥   ♥ 나무 없다

도둑이 ♥   ♥ 제 발 저리다

퀴즈 4 아래의 초성을 보고, 어떤 속담인지 맞혀 보세요.

ㅁㅅㅇ ㅎㅅㅅ

아무 소식이 없는 것은 무사히 잘 지내고 있다는 말이니, 이는 곧 기쁜 소식이나 다름없다는 뜻이에요.

퀴즈 5 <보기>에서 설명하는 속담을 찾아 고르세요.

<보기>
어떤 일을 하다가 뜻하지 않게 좋은 결과를 얻음

❶ 소 뒷걸음질 치다 쥐 잡기   ❷ 고생 끝에 낙이 온다

❸ 천 리 길도 한 걸음부터   ❹ 말이 씨가 된다

퀴즈 6 빈칸에 들어갈 알맞은 말을 고르세요.

[　　　] 에 옷 젖는 줄 모른다

❶ 이슬비   ❷ 여우비

❸ 소나기   ❹ 가랑비

 다음 상황에 어울리는 속담을 찾아 고르세요.

❶ 참새가 방앗간을 그저 지나랴   ❷ 티끌 모아 태산

❸ 원숭이도 나무에서 떨어진다   ❹ 금강산도 식후경

 빈칸에 들어갈 알맞은 말을 써 보세요.

☐ 길 물속은 알아도

☐ 길 사람의 속은 모른다

아무리 깊은 물이라도 그 깊이를 헤아릴 수 있지만,
사람의 속마음은 알아내기가 매우 힘듦을
비유적으로 이르는 말이에요.

정답

11쪽
13쪽
15쪽
17쪽
19쪽
21쪽

23쪽
25쪽
27쪽
29쪽
31쪽
33쪽

35쪽
37쪽
39쪽
41쪽
43쪽
47쪽

49쪽
51쪽
53쪽
55쪽
57쪽
59쪽

61쪽
63쪽
65쪽
67쪽
69쪽
71쪽